ÉTUDES GÉOLOGIQUES

DES

LIGNES DE CHEMINS DE FER

DU POITOU

PAR

A. FOURNIER

Préparateur de Géologie à la Faculté des Sciences de Poitiers

Collaborateur au Service de la Carte géologique détaillée de la France

Membre de la Société géologique de France, etc.

II. — LIGNE DE PARIS A LA ROCHELLE (ÉTAT)

ENTRE

BREUIL-BARRET ET VELLUIRE (VENDÉE)

LA ROCHE-SUR-YON

EUGÈNE SERVANT, IMPRIMEUR DE LA SOCIÉTÉ D'ÉMULATION

—

1893

ÉTUDES GÉOLOGIQUES

ÉTUDES GÉOLOGIQUES

DES

LIGNES DE CHEMINS DE FER

DU POITOU

PAR

A. FOURNIER

Préparateur de Géologie à la Faculté des Sciences de Poitiers

Collaborateur au Service de la Carte géologique détaillée de la France

Membre de la Société géologique de France, etc.

II. — LIGNE DE PARIS A LA ROCHELLE (ETAT)

ENTRE

BREUIL-BARRET ET VELLUIRE (VENDÉE)

LA ROCHE-SUR-YON

EUGÈNE SERVANT, IMPRIMEUR DE LA SOCIÉTÉ D'ÉMULATION

1893

Extrait de l'*Annuaire de la Société d'Emulation* de la Vendée, année 1893.

DÉDIÉE

A

MONSIEUR DE PRÉAUDEAU

INGÉNIEUR EN CHEF DES PONTS ET CHAUSSÉES

CHEVALIER DE LA LÉGION D'HONNEUR

Le plan que nous avons adopté dans la rédaction de la présente étude est quelque peu différent de celui suivi dans la précédente (1).

Tout en décrivant avec soin chaque sorte de terrain, nous avons supprimé la longue description monographique des tranchées et, par suite, les multiples répétitions qui en étaient la conséquence. De plus, nous nous sommes efforcé de réunir tous les renseignements présentant quelque intérêt, soit au point de vue industriel ou agricole, soit au point de vue des services de l'Administration des Chemins de fer de l'État.

Cette étude comprend deux parties. La première est la description méthodique de tous les terrains traversés par la voie ferrée. Nous y donnons les caractères pétrographiques des niveaux géologiques, les points où les travaux les ont mis à jour, leur répartition superficielle, leur allure, les matériaux utilisables qu'ils renferment, les points actuellement en exploitation et, quand la chose est possible, la qualité des matériaux, leur prix de revient, etc... Les questions de géologie pure viennent en second lieu. Elles traitent des conditions dans lesquelles a eu lieu la formation des terrains, des mouvements orogéniques et des modifications qu'ils ont subis, enfin de la distribution et de l'orientation des dislocations, conséquences de ces mouvements.

(1) Cfr. *Études géologiques des lignes de chemins de fer du Poitou. I. — Ligne de Paris à Bordeaux (État), entre Montreuil-Bellay (Maine-et-Loire), et Villeneuve-la-Comtesse (Charente-Inférieure).* Saint-Maixent, imp. Reversé, 1891. Extrait des *Mémoires de la Soc. de Stat. des Deux-Sèvres*, 3e série, t. VIII.

II. — MONOGRAPHIE GÉOLOGIQUE

DE LA

LIGNE DE PARIS A LA ROCHELLE (ÉTAT)

ENTRE

BREUIL-BARRET ET VELLUIRE (VENDÉE)

TABLEAU

DES DIVERS TERRAINS OBSERVÉS DANS LES TRANCHÉES

ROCHES D'ORIGINE INTERNE

GRANULITE .... γ^1

QUARTZ GRANULITIQUE en filon .... Q

SÉRIE PRIMITIVE

MICASCHISTES GRANULITIQUES .... $\zeta^2\ \gamma^1$

SÉRIE PRIMAIRE

CAMBRIEN.	— **Phyllades.**	— Massifs, feuilletés ou séricileux.....	x
	Id.	— Granulitiques.....	$x\ \gamma^1$
	— **Porphyroïdes.**		$x\ \gamma^3$
PERMO-CARBONIFÈRES.	— **Houiller.**	— Poudingues, grès et schistes alternant avec couches de houilles.........	h

SÉRIE SECONDAIRE

Lias.	— **Rhétien ?**	— Grès et poudingues de Bourneau.....	l_1
	— **Hettangien.**	— Calcaire caverneux dolomitique......	l^1
	— **Sinémurien.**	— Calcaire à oolithes blanches	l^2
	— **Charmouthien= Liasien.**	— Grès calcaire divisé en deux niveaux, par un banc de grès grossier à *Belemnites*	l^3
	— **Toarcien.**	— Calcaire marneux ou marne à oolithes ferrugineuses Calcaire et argile bleus à *Grammoceras.* Calcaire et argile bleuâtres ou jaunâtres à *Ludwigia*	l^4
Oolithe.	— **Bajocien.**	— Calcaire argileux à oolithes ferrugineuses supérieurement à *Harpoceras Murchisonæ.* Calcaire blanc ou gris-bleu, siliceux, gelif, à *Sphæroceras Sauzei* et *Sonninia* à la base. Calcaire blanchâtre avec délit argileux un peu phosphaté à *Cosmoceras.* Calcaire blanc grenu.	J_{IV}
	— **Bathonien.**	— Lit calcaire avec traces argileuses phosphatées, niveau du *banc pourri* de Ste-Pezenne. Calcaire blanc grenu avec traces siliceuses de spongiaires et quelques zones de silex *(pierre d'allaize)* à *Stéphanoceras linguiferum.*	J_{III}

Oolithe	— **Bathonien.**	— Calcaire blanc grenu avec *Stéph. linguiferum* et *Pictonia arbrustigera.*	J_{II}
		Calcaire blanc, tendre et gelif, ou dur et à traces siliceuses de spongiaires, avec *Pictonia subbackeriæ, Oppelia, aspidoïdes,* etc.	J_{I}
	— **Callovien.**	— Alternance de calcaire marneux et d'argile blanchâtre à *Reineckia anceps.*	J^1
		Marne argileuse blanc-jaunâtre séparée du niveau précédent par un lit argileux à *crinoïdes.*	

SÉRIES TERTIAIRE ET QUATERNAIRE

Tertiaire.	— **Argile rouge pictavienne** (produit de décalcification)...	m_{III}
	— **Alluvions des hauteurs**...	$(a)\ p$
Quaternaire.	— **Alluvions anciennes** du fond des vallées...	a^1
	— **Alluvions anciennes** à flanc de coteaux...	$a^{1'}$
Actuelle.	— **Alluvions actuelles** et terrains innondables...	a^2

ROCHES D'ORIGINES INTERNES

GRANULITE

γ^1. — La granulite forme une petite bande qui occupe le village du Breuil-Barret et se dirige, à l'ouest-nord-ouest, dans la direction de la Tardière. On peut la suivre jusque sur les rives du Petit-Fougeray, en amont des métairies de l'Étruyère, près le Moulin-Pigalle.

Elle se rencontre encore, injectée en masse, à travers les phyllades ou les micaschistes, au Moulin-Moreau, sur la rive gauche de la Mère; sur le chemin de grande communication de la Châtaigneraie à Saint-Maurice-le-Girard, un kilomètre avant ce dernier bourg; aux environs de la station de Bourneau et en nombre de points de la forêt de Mervent.

Cette roche, très peu exploitée comme moellons, sous l'influence des agents atmosphériques, se désagrège et fournit du sable à mortier de bonne qualité. Les principaux points, exploités dans ce but, se trouvent aux environs du Breuil-Barret, au nord du bourg, et à la Tannerie, sur la route de la Châtaigneraie.

QUARTZ GRANULITIQUE

Q. — De nombreux filons de quartz blanc laiteux coupent en tous sens les terrains primitifs qui s'étendent du Breuil-Barret aux portes de Fontenay-le-Comte.

Ils sont particulièrement abondants dans la bande de quartzite de Coquilleau à la Châtaigneraie, où leur couleur tranche cruement sur le fond gris de la roche.

Partout où ces filons de quartz apparaissent à la surface des champs, ils sont exploités pour en débarrasser le sol et servir à l'empierrement.

SÉRIE PRIMITIVE

MICASCHISTES ET MICASCHISTES GRANULITIQUES

ζ^2 *et* $\zeta^2 \gamma^1$. — Les micaschistes que l'on rencontre aux abords de la ligne sont fins, noirâtres ou gris-noirâtres, presque toujours granulitiques, formant ainsi une sorte de gneiss, parfois même de granulite schisteuse.

Cette roche appartient à la partie supérieure des terrains primitifs. Elle forme, de l'est-sud-est à l'ouest-nord-ouest, une bande qui a près de quatre kilomètres de largeur à la traversée de la ligne. Sa limite nord passe au nord de la grotte du Père Montfort, de la Jaubertière; au sud du château de la Simonnière, de Braille-au-Loup, pour se diriger vers l'Étang-Néant et Saint-Cyr-des-Gâts. Sa limite sud passe, sur la rive droite de la Vendée, entre le Moulin-Doreau et le Moulin-Gourdin, et se dirige vers Bourg-Neuf et Saint-Laurent-de-la-Salle en passant par le nord du Poiron, la Loge et la Baudonnière.

Le micaschiste typique se montre dans un ravinement qui descend vers le Moulin-Gourdin, depuis l'angle formé par le croisement de la route forestière de Saint-Luc et du chemin de grande communication n° 99. Partout ailleurs, la roche est fortement injectée de granulite et forme une sorte de gneiss que les terrassements ont coupé dans les tranchées de la Simonnière, au sud du viaduc de Baguenard, du Moulin-Rouge et de Bourneau; en divers endroits même, elle passe à de la granulite franche, comme dans une partie de la tranchée de Fourchaud, à la station de Bourneau-Mervent, ainsi qu'aux environs de la Jaubertière. Très souvent le micaschiste granulitique est décomposé, sur une très grande profondeur, en une argile sableuse s'éboulant sur les pentes. — Tranchée du Moulin-Rouge.

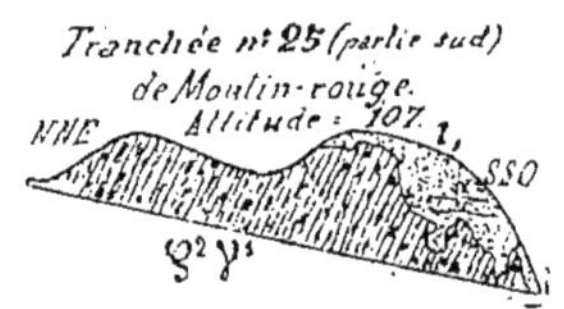

FIG. 1.

$\zeta^2 \gamma^1$. — *Micaschiste granulitique.*

l₁ Arènes et poudingue rhétiens.

La direction moyenne de la schistosité, dans la partie nord de la bande, est d'environ 65° ouest avec un plongement nord de 75° à 80° ; tandis que vers la partie sud, surtout aux abords des rives de la Vendée, la direction est de 90°, c'est-à-dire franchement ouest, avec un plongement à peu près égal au précédent, mais dirigé vers le sud.

Lorsque les micaschistes granulitiques ne sont pas décomposés, ils peuvent fournir de bons matériaux de constructions — moellons de la métairie de la Jaubertière et du hameau de Bourseguin — mais, le plus souvent, ils sont exploités pour l'empierrement des routes où ils font un excellent usage. Un centre d'exploitation de ce genre est établi sur la rive gauche du Petit-Fougeray, près du Moulin de Pierre-Brune, à quatre kilomètres de la station de Bourneau-Mervent, et sert à l'approvisionnement de l'Administration forestière.

D'après les ouvriers, le prix de revient serait de neuf francs le mètre cube, en gare de Bourneau ; il ne serait probablement pas impossible d'obtenir de meilleures conditions.

SÉRIE PRIMAIRE

CAMBRIENS

x. — **Phyllades.** — Les phyllades, plus souvent appelés schistes argileux ou simplement schistes, sont des roches argileuses, généralement massives, grossièrement schisteuses, dures, gris-verdâtre, devenant brunes et donnant de l'argile par décomposition. Parfois elles sont feuilletées et alors plus tendres, gris-bleuâtre, verdâtres, rosées ou lie de vin, facilement décomposables en fragments allongés qui rappellent assez bien les copeaux de bois pourris ; elles se résolvent finalement en une argile de même couleur qu'elles.

A ces *phyllades argileux* formant le fond du terrain, sont subordonnées des roches schisteuses de composition différente ; ce sont des *phyllades séricileux*, anciennement dénommés schistes talqueux ou talcschistes, doux au toucher, luisants, satinés, de couleur gris-verdâtre plus ou moins foncé ; des *phyllades quartzeux* ou *quartzites schisteux*, grisâtres, grenus ; des *phyllades siliceux* ou *phthanites*, noirs ou gris-noirâtre ; des *phyllades ferrugineux*, brun-noirâtre ou noirs, paraissant souvent scoriacés.

$x\gamma^1$. — **Phyllades granulitiques.** — La granulite, en pénétrant à travers les feuillets des phyllades, donne naissance à des variétés de roches différant entre elles selon que la pénétration a été plus ou moins intime, plus ou moins abondante, et aussi selon la différence de composition et de structure du phyllade injecté ; de sorte qu'à chacun des types ci-dessus peut correspondre des variétés granulitiques d'aspect spécial, dont deux surtout sont intéressantes. Les phyllades argileux massifs pénétrés de granulite prennent un aspect granitoïde — *phyllade gra-*

nulitique granitoïde, — tandis que la variété feuilletée forme une sorte de gneiss. — *phyllades granulitiques glanduleux,* — dans lequel la granulite est cristallisée sous forme de petites glandes atteignant parfois le volume d'une noisette.

Les phyllades à séricite, sous la même influence, forment un *phyllade séricitcux granulitique amygdaloïde,* c'est-à-dire un phyllade à séricite parfaitement reconnaissable, dans les feuillets duquel la granulite forme des traînées et des amandes cristallines souvent volumineuses.

$x\gamma^3$. — **Porphyroïdes.** — La dernière modification qui reste à signaler semble être le résultat d'une pénétration intime de microgranulite à travers les phyllades argileux. On désigne la roche ainsi modifiée sous le nom de *porphyroïde.* Elle se reconnaît facilement à son aspect schisteux et grenu, et à l'abondance des petits cristaux de feldspath et de quartz dont elle est remplie. Sur les bords des massifs de porphyroïdes, on peut trouver tous les passages entre cette roche et les phyllades argileux.

Toute cette série de roches forme un ensemble nettement défini, dans lequel on ne connaît encore aucune trace de débris organiques permettant de lui assigner un âge déterminé dans la série des couches de l'écorce terrestre; le seul fait positivement acquis depuis longtemps est que leur formation doit être antérieure à celle de tous les autres dépôts sédimentaires de la région. Pour ces motifs, on classe actuellement la série des Phyllades à la base du Cambrien.

Dans la région traversée par la ligne, les phyllades sont répartis en trois bandes orientées du sud-est au nord-ouest : La première — Bande de la Chataigneraie —, embrasse la région comprise depuis la granulite et les phyllades bouleversés du Breuil-Barret, jusqu'au bassin houiller vendéen. La seconde — Bande de Vouvant, — occupe tout l'espace compris entre le bassin houiller vendéen et le massif de micaschistes granulitiques de Bourneau-Mervent. La troisième — Bande du Roc Saint-Luc — s'étend de la limite sud des micaschistes granulitiques à la plaine de Fontenay-le-Comte.

Bande de la Chataigneraie. — Cette bande peut se subdiviser en deux parties : l'une, au nord-est de la Châtaigneraie, dans laquelle les couches très mouvementées plongent en définitif au sud-ouest sous un angle de 60° à 80°; l'autre, au sud-ouest, dans laquelle les couches plongent en sens contraire à peu près sous le même angle.

La partie nord-est, en allant du Breuil-Barret vers la Châtaigneraie, mérite une mention spéciale. Elle se compose d'une zone de phyllades argileux massifs ou feuilletés, à allure tourmentée, à laquelle succède, au sud-ouest, une zone de porphyroïdes suivie de quartzites pénétrés de filons de quartz granulitique.

La zone de phyllades argileux paraît avoir subi une série de dislocations, et peut-être a-t-on là un véritable renversement si, comme nous avons cru le reconnaître près du Breuil, sur la route de la Châtaigneraie, les phyllades supportent la granulite. Comme autre indice de ce renversement, on peut remarquer que les phyllades, à la traversée du bourg du Breuil et vers la partie nord de la station, paraissent pénétrés de haut en bas par la granulite.

Au sud de la station, suivant une direction orientée du sud-sud-est ou nord-nord-ouest, en passant par la bifurcation des lignes de Velluire et de Niort pour se diriger trois cents mètres au nord de la Maison-Neuve et de la métairie de Pigale, semble exister une série de ruptures des phyllades, car on voit leurs feuillets affecter des directions fort diverses et plonger dans tous les sens. A l'ouest de ce mouvement, confrontant aux porphyroïdes, on remarque une bande de phyllades de cinq à six cents mètres de largeur, régulièrement orientés sous un angle de 50° à 55° ouest avec un plongement sud-ouest de 70° à 75°. Dans cette bande, on observe des alignements de phyllades siliceux noirs ou *Phthanites;* l'un se montre dans la tranchée du Breuil, l'autre suit pendant quatre cents mètres le chemin de la métairie de Bellevue au Moulin du Tail.

La zone de porphyroïdes est limitée au nord par une ligne qui, de la Chapelle-aux-Lys, se dirige au nord-ouest par les Puvinières et Bellevue, là elle s'abaisse vers la Coulancière et remonte ensuite du Moulin de Mousic vers la bifurcation de l'ancienne et de la nouvelle route de la Châtaigneraie au Breuil et la métairie de la Grange, laissant à droite une petite bande d'une centaine de mètres de largeur qui continue à se diriger en ligne droite de Bellevue, par le Moulin du Tail, l'Etruyère et les Cormelières vers la Tardière. L'entre deux est occupé par des phyllades argileux avec une zone de phthanite noirâtre et de quartzite, au nord-est des Cormelières, sur le chemin de l'Etruyère à la Tardière.

La limite sud forme une ligne à peu près droite, depuis le sud du passage inférieur de la route de la Loge-Fougereuse à la Chapelle-aux-Lys, — kilomètre 121,2 de la ligne d'Angers à Niort, — jusqu'au nord de la Châtaigneraie, traversant la ligne du Breuil un peu à l'ouest du passage à niveau du chemin de la Gollière.

Cette bande de porphyroïdes, coupée par les travaux de la ligne dans les tranchées de Bourgneuf, de la Coulancière et de la Gollière, est dirigée sensiblement du sud-est au nord-ouest, tandis que la schistosité des couches est oblique à cette direction et égale à environ 75° ouest avec pendage sud-ouest variant de 80° — la Levraudière, tranchée de Bourgneuf — à 65° — tranchée de la Gollière, ruisseau du Pont-Bouchet.

La zone suivante est formée d'une alternance de couches de quartzites grenus, gris, et de phyllades argileux feuilletés, pénétrés de nombreux filons de quartz granulitiques. Elle suit la limite sud des porphyroïdes, depuis le ruisseau de Pont-Bouchet jusqu'au nord de la Châtaigneraie, et se dirige ensuite sur Cheffois et Mouilleron. Au Moulin de Coquilleau, les quartzites à filons de quartz granulitiques forment des rochers escarpés dominant une étroite vallée au fond de laquelle coule le frais ruisseau de la Mère, dont les eaux limpides, empruntant au sol Gâtinais ses tons sombres d'un vigoureux coloris, reflètent avec une grande pureté les lignes du gracieux viaduc en maçonnerie sur lequel la ligne franchit son cours.

Dans la partie sud-ouest de la bande de la Châtaigneraie, les phyllades présentent une plus grande uniformité de composition et une simplicité d'allure remarquable, du moins jusqu'à une ligne allant d'Antigny à Saint-Maurice-le-Girard.

On trouve d'abord, parallèlement aux quartzites, une zone de phyllades argileux feuilletés, parfois un peu sériciteux, de quinze cents à deux mille mètres de largeur — tranchées de la Pénissière, de la Grange-Paris, de la Châtaigneraie, de Beaulieu, — qui passent, dans la partie moyenne, à de véritables phyllades à séricite — tranchée de la Galerie, — ensuite viennent des phyllades massifs ou feuilletés — tranchées de Pisselay, de la Provenche, d'Antigny (halte), de la Cressonnière, de Moulin-Brûlé, des Quatre-Poiriers et de la Rainerie.

Depuis la zone de quartzites jusqu'à la ligne indiquée plus haut, l'allure des phyllades est assez régulière, leur direction oscille entre 55° et 60° ouest, et le plongement, d'abord perpendiculaire, se fait de plus en plus vers le nord sous un angle qui atteint parfois 40°. Passé cette ligne, jusqu'au bassin houiller, les phyllades paraissent avoir subi de fortes pressions latérales qui se traduisent par une série d'ondulations successives ou plissements [1].

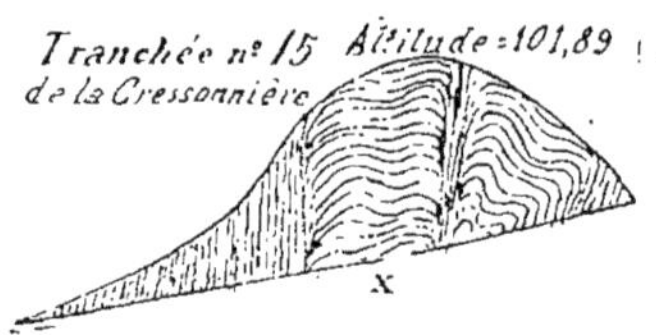

FIG. 2.

X. — Phyllades montrant les ondulations du bombement d'Antigny.

Dans cette région, deux points seulement montrent des intrusions granulitiques à travers les phyllades argileux ayant donné naissance à des sortes de gneiss granitoïdes ou glanduleux : l'un, situé à Moulin-Moreau, sur les bords de la Mère, forme une bande dirigée dans le sens des phyllades ; l'autre, à 500 mètres à l'ouest du Moulin de la Chevêche, forme une lentille perpendiculaire à la schistosité de la roche et coupe obliquement la grande route de la Châtaigneraie à Saint-Maurice-le-Girard, ainsi que le chemin de Fontenay à Pouzauges. Des phyllades passant aux porphyroïdes apparaissent dans la tranchée de la Provenche et près la métairie de la Corbière. Enfin, des phyllades ferrugineux se montrent à l'ouest de Saint-Maurice-le-Girard, à trois cents mètres environ du bourg, sur la route qui conduit à la Caillère ; ils sont dirigés à 60° ouest et plongent au nord-est sous un angle de 50°.

[1] Il ne serait pas impossible que le plongement sud-ouest des phyllades relevé aux environs du Haut-Breuil, et qui nous a inspiré dans le dessin de la coupe du bassin houiller, fit partie de petits mouvements de ce genre.

Bande de Vouvant. — Cette bande de phyllades comprend, ainsi qu'il a été dit plus haut, tout l'espace entre la limite sud-ouest du bassin houiller vendéen et le massif de micaschistes granulitiques de Bourneau-Mervent. Elle occupe une zone de largeur variable, atteignant deux mille cinq cents mètres à la traversée de la ligne et orientée sensiblement de l'est-sud-est à l'ouest-nord-ouest.

On y rencontre d'abord, le long du terrain houiller, jusqu'à la ligne de rupture qui limite ce bassin au sud, de la métaire de la Devaudière à la station de Vouvant et à la métairie de la Motte, sur six cents mètres de largeur, des phyllades argileux feuilletés, de couleur lie de vin, en grande partie décomposés. Au-delà, les phyllades se chargent de séricite sur mille à douze cents mètres et passent ensuite à des phyllades argileux, feuilletés, qui deviennent massifs le long des micaschistes granulitiques.

La granulite, qui a pénétré les micaschistes de Bourneau, a aussi étendu plus ou moins son action aux phyllades, surtout aux phyllades à séricite qui sont granulitiques et amygdaloïdes, particulièrement le long des deux rives du Fougeray, jusqu'au viaduc de Baguenard, ainsi qu'aux environs de Germont, de la Millière, de la Godrie, la Coussonnière, Brizard, l'Alouette, la Chouette, l'ancien emplacement du Moulin-des-Vignes, etc...

La direction des phyllades se maintient entre 60° et 70° ouest, et leur pendage ou plongement est moyennement de 65° à 70° au nord-est.

Bande du Roc Saint-Luc. — Cette troisième bande primaire se présente avec des caractères minéralogiques identiques à ceux de la précédente. Elle s'étend de la limite sud des micaschistes granulitiques, c'est-à-dire depuis une ligne allant du Moulin-Doreau au sud de Bourneau, jusqu'à la plaine jurassique de Fontenay-le-Comte.

On y trouve les mêmes roches que dans la bande de Vouvant, mais elles sont disposées en sens inverse et inclinent au sud-ouest sous un angle de 70° à 75°, affectant une direction de 80° à 90° ouest. Ainsi, on trouve d'abord des phyllades argileux massifs, devenant feuilletés vers le sud et passant à des phyllades séricitcux granulitiques et glanduleux.

A travers ces phyllades, on rencontre quelques minces couches de quartzite grenu et grisâtre, entre autre, près du Moulin-Sauvaget.

Les phyllades argileux feuilletés ne sont, en général, d'aucun usage, par suite de leur schistosité et de la facilité avec laquelle ils se décomposent. Il en est de même des phyllades séricitcux qui ne pourraient fournir que de mauvais matériaux; du reste, ils ne paraissent exploités sur aucun point.

Les phyllades massifs, au contraire, peuvent fournir des moellons de construction et d'assez bons matériaux d'empierrement, comme ceux de la carrière du Pont-Bouchet, à l'est du Breuil-Barret, par exemple, d'où l'on tire la pierre pour la route de l'Absie à la Châtaigneraie. Ils sont exploités, soit pour l'un, soit pour l'autre de ces usages en quelques points, principalement aux environs du Breuil-Barret, au Moulin du Tail, sur la route du Breuil à la Châtaigneraie; au Champ-Blanc, à un kilomètre de Saint-Maurice-le-Girard; sur la gauche de la même route, au Lac, près d'un petit chemin à gauche de la voie. On exploite ces mêmes phyllades granulitisés, au Moulin-Moreau, sur la rive droite de la Mère, au sud de la Châtaigneraie.

Les phyllades quartzeux ou quartzite et les quartz granulitiques qui les pénètrent sont, au contraire, l'objet d'une exploitation très active dans tous les gisements connus et fournissent des matériaux d'empierrement de bonne qualité. Les carrières, ouvertes sur la bande de

Coquilleau à la Châtaigneraie et à Cheffois, sont très nombreuses; on remarque que l'abondance du quartz granulitique y est d'autant plus grande que ces carrières sont situées plus près de sa limite sud-ouest. Le prix des matériaux, pris en carrière, varie de 4 francs 50 le mètre cube — carrière de la Pénissière, — à 5 francs — carrière du cimetière de la Châtaigneraie.

Les phyllades siliceux pourraient peut-être fournir une sorte d'ardoise grossière, mais le peu d'épaisseur des couches reconnues ne semble pas propice à une exploitation fructueuse qui, du reste, n'a jamais été tentée.

Dans la zone de porphyroïdes traversée par la ligne, la roche, généralement blanchâtre ou verdâtre, parfois rosée, peut fournir d'assez bons moellons pour la construction, mais elle présente, au point de vue industriel, un autre intérêt par son produit de décomposition qui forme un *kaolin* de bonne qualité : « Divers objets qui avaient été, comme essais, fabriqués à Sèvres avec ce kaolin, ont paru avoir très bien réussi (1).

C'est à M. Mercier, ancien directeur des exploitations houillères de Faymoreau, à qui revient l'honneur de la découverte du premier gisement, qu'il signalait, en septembre 1834, à l'attention du Congrès scientifique de France réuni à Poitiers (2).

« Kaolin. — Entre l'Absie et le Busseau, on trouve, « alternant avec les schistes, un gneiss passant à un « granite binaire, pegmatite, à grains de quartz gris et « de feldspath rose très volumineux. Cette roche se ren- « contre principalement dans une lande qui existe entre

(1) Fournel. *Etudes des gites houillers et métallifères du Bocage vendéen*, p. 67. Paris, 1836.

(2) Mercier. *Notice sur les mines de houilles du bassin de la Vendée et sur les données géologiques qui s'y rattachent*; in congrès scient. de France, 2e session 1834, p. 500. Poitiers, 1835.

« le moulin à vent de la Réortière et le bois du Busseau ; « près de Scillé, dans le bois de la Vasonnière, cette « roche granitoïde présente plus d'étendue. Là, le felds- « path domine ; il est de couleur blanche ou légèrement « verdâtre, et, par sa décomposition, il passe à un véri- « table kaolin. Une fouille de plusieurs mètres de profon- « deur a fait reconnaître que ce banc a une grande puis- « sance et serait d'une exploitation facile. Le kaolin est « séparé facilement par un simple lavage du quartz, qui « ne se trouve que dans la proportion d'un quart dans la « décomposition de la roche. »

Ce kaolin se retrouve « sauf une légère différence dans « le produit, à la Bodinatière », château au nord-est de Saint-Hilaire-de-Voust (¹). « Un autre amas de kaolin, « dont l'étendue ne pourrait être déterminée que par quel- « ques travaux de recherches, paraît exister dans les bois « du Plessis-Robineau, au nord-ouest de la Châtaigneraie, « du moins en suivant un chemin qui circuite autour de « ces bois, on voit affleurer le kaolin sur plusieurs « points (²) ».

Nous l'avons également reconnu près de la Chapelle-aux-Lys, en remontant vers les Basses-Boules, et il existe aussi dans le bas-fond, au nord-est de la Châtaigneraie.

Depuis leur découverte (1834), malgré leur abondance et leur qualité, ces kaolins n'ont nulle part été exploités.

Au nord de cette bande de porphyroïdes, près Saint-Pierre-du-Chemin, il en existe une autre dont la schistosité paraît régulièrement dirigée 55° à 65° ouest, avec plongement sud-ouest de 50° à 60°. C'est dans cette seconde bande, sur la route nationale de la Rochelle à

(¹) La Fontenelle. *Statistique de la Vendée,* p. 424. Fontenay-le-Comte, 1844.

(²) Fournel. *Loc. cit.*, p. 20.

Saumur, aux Plochères, près le calvaire, que sont exploitées depuis longtemps plusieurs carrières d'où l'on tire des dalles de foyer, des marches d'escalier, des montants et manteaux de cheminée de très grandes dimensions. La Fontenelle [1] cite un morceau placé à l'escalier de la chapelle du château de Vaudoré, au nord de Moncoutant, faisant trois mètres cinquante-sept de long sur un mètre quatre-vingt-dix de large et quatorze centimètres d'épaisseur.

M. Filuzeau, aîné, propriétaire de l'une des carrières, à Saint-Pierre-du-Chemin, serait en mesure de fournir au prix moyen de soixante-dix francs le mètre cube, taille lisse, en gare de la Châtaigneraie, des morceaux ne dépassant jamais trente centimètres d'épaisseur, mais pouvant atteindre trois à quatre mètres de long sur un mètre soixante à un mètre quatre-vingts centimètres de large.

Cette roche, réfractaire, est employée en construction dans de nombreux fours à chaux; on la voit en socle, au château de M. Basly, à la Châtaigneraie et à celui de M. Babin, à la Loge-Fougereuse; la mairie de Saint-Pierre-du-Chemin en est entièrement construite. Enfin, à Fontenay-le-Comte, on s'en est servi pour les ouvertures de certaines maisons, rue du Cimetière, et pour le Collège où elle produit un très bon effet.

HOUILLER

h. — La bande de Houiller traversée par la voie ferrée est formée de grès grossiers ou poudingues en majeure partie désagrégés, donnant un gravier grossier plus ou moins argileux. Elle ne présente, à la traversée de la

[1] La Fontenelle. *Loc. cit.*, p. 419.

voie, qu'une largeur de trois cents mètres — tranchée des Gazelles. — Toutefois, la tranchée de Vouvant montre de l'argile charbonneuse, sur une largeur de cinquante centimètres à deux mètres, effondrée à travers les phyllades suivant une ligne de rupture dirigée vers la métairie de la Devaudière. Cette argile, ainsi pincée dans une faille, indique l'ancienne extension du Houiller sur les phyllades à la traversée de la station de Vouvant, d'où des dénudations postérieures l'ont fait disparaître.

Comme confirmation de ce fait, à la hauteur de la Devaudière, la bande houillère atteint une largeur de près d'un kilomètre par suite de la juxtaposition à la bande des Gazelles, de celle de la Station. Avant d'arriver à Cezais, la bande des Gazelles disparaît en s'enfonçant sous le lias et on ne voit plus à la surface du sol, que celle de la Station, se dirigeant sur l'Epinay avec une largeur de six à sept cents mètres. Enfin, à l'ouest de l'Epinay, cette dernière bande est coupée net par une autre ligne de ruptures en relation avec la vallée supérieure du Petit-Fougeray.

L'existence du houiller, dans cette partie du bassin, ne se limite pas aux seuls affleurements signalés ci-dessus. On a vu, tout à l'heure, que la bande des Gazelles disparaissait à Cezais sous les terrains liasiques ; nous ajouterons que, au nord de cette bande, d'après les recherches que nous avons faites dans la région, le terrain houiller doit occuper en sous sol une zone de treize à quatorze cents mètres de largeur, souvent coupée par des failles et limitée au nord par une ligne allant du sud du Haut-Breuil au nord de la Tournerie, en passant par le nord de la carrière du four à chaux de la Cressonnière, établi vers 1841 par M. Vasseur. De plus, l'ensemble du terrain houiller doit vraisemblablement subir un rejet de plusieurs centaines de mètres vers le nord, le long de la ligne de ruptures signalée plus haut.

Ici s'arrêtera, pour aujourd'hui, notre description du

houiller, qui sera, du reste, reprise, avec tous les détails nécessaires, dans l'étude de la ligne de Vouvant à Chantonnay que nous venons d'entreprendre.

Il est à souhaiter, dans l'intérêt général du pays, que MM. les Concessionnaires se mettent désormais en mesure de tirer partie des richesses trop longtemps délaissées. Puisqu'il est reconnu que les menus, qui forment environ 70 °/₀ du produit des mines actuellement exploitées, ne peuvent être absorbés par les fours à chaux de la région [1], pourquoi n'entreprendrait-on pas en grand la fabrication d'agglomérés dont la consommation s'accroit sans cesse ?

De son côté, l'Administration des Chemins de fer de l'État ne pourrait-elle pas trouver quelque intérêt — par suite faciliter l'industrie locale — à s'approvisionner sur place, au centre de son réseau ?

Enfin, le kaolin, signalé depuis 1834 par M. Mercier, dont, à Sèvre, on a fabriqué divers objets « qui ont paru avoir très bien réussis » [2], ne finira-t-il pas par être mis en œuvre ?

L'Administration crée les voies ferrées demandées par l'Industrie. A son tour, que l'Industrie se mette à l'œuvre et, nous aimons à l'espérer, les résultats ne se feront pas longtemps attendre.

Le pays occupé par les formations géologiques ci-dessus, fait partie du Bocage vendéen qui, de même que la Gâtine, est le pays de petites cultures par excellence.

(1) Léon Devillaine. *Notice sur le Bassin houiller de la Vendée et ses voies de communications*, p. 11. Fontenay-le-Comte, 1881.

(2) Fournel. *Loc. cit.*, p. 67.

L'eau se trouve un peu partout [1]. Les métairies sont disséminées et ne peuvent communiquer entre elles que par des chemins creux aussi pittoresques que peu carrossables. Le terrain y est très divisé, et chaque morceau est enclos de haies vives, de chênes, hêtres ou ormeaux, avec fouillis de houx, ajoncs, fougères, etc.; tout autour de l'enclos existe une bande de terrain de un mètre à un mètre cinquante centimètres, non cultivable, appelée cheintre.

Ces terres, au point de vue agricole, peuvent être considérées comme incomplètes. On n'y cultivait autrefois que du seigle, de l'avoine, du sarrasin, des pommes de terre, du millet et des choux ; depuis que le chaulage a été mis en pratique, elles peuvent donner du blé, du trèfle et toutes sortes de légumineuses, mais l'amendement calcaire est malgré tout insuffisant pour obtenir le développement maximum de toutes les productions, et les engrais phosphatés sont aussi indispensables.

Les schistes houillers sont de toutes ces terres celles où le chaulage est parfois seul nécessaire, car il peut s'y trouver du fer carbonaté lithoïde qui, lui-même, renferme de l'acide phosphorique en grande proportion.

Les terres granitiques sont, en général, riches en potasse, mais pauvres en chaux et en acide phosphorique.

Les grès houillers, qui renferment presque toujours tous les éléments des granites, demandent aussi chaux et phosphates. On y voit parfois des vignobles prospères.

De tous les terrains du Bocage, les phyllades sont les plus pauvres, ceux qui donnent les terres les moins complexes, surtout les phyllades séricitenx ; non seulement

(1) Les eaux granitiques conviennent pour le blanchissage et la teinture des étoffes, ainsi que le décreusage de la soie. — Breuil-Barret.

ils manquent de chaux et d'acide phosphorique, mais ils renferment aussi moins de potasse que les granites et les micaschistes, puisque le mica qui fournit ce dernier élément y est remplacé par des silicates ferro-magnésiens.

Dans les terres rocailleuses ou sableuses les plus maigres, le reboisement avec le pin sylvestre s'impose ; à mesure que la partie meuble devient plus profonde, le sapin, le hêtre, le chêne et surtout le châtaignier croissent merveilleusement, et cette croissance est d'autant plus belle que les feuillets de la roche sont plus verticaux. — Forêt de Mervent, bois au nord de Bourneau.

L'assolement suivi pour les terres du Bocage varie de cinq à douze années. Après chaque plante sarclée, chaque fourrage, on met une céréale, sans fumure ; on fait, en général, alterner la pomme de terre, la betterave, le trèfle, l'avoine, le maïs fourrage, le choux cavalier ou moellier, le seigle et l'orge au froment, de sorte que tous les six, huit, dix ou douze ans, le cours de culture se succède sur chaque sole.

Tous les terrains bas, les vallées, sont en prairies, en pâturages qu'arrosent continuellement de nombreux filets d'eau fort bien aménagés ; aussi l'élevage des bêtes à cornes y est fort en honneur et donne lieu à un commerce important, source de bien-être pour le pays. — La Châtaigneraie.

SÉRIE SECONDAIRE

LIAS

Les terrains du Lias, formés de roches diverses — poudingues, grès, calcaires et argiles — se montrent recouvrant en partie le bassin houiller vendéen, les massifs de Bourneau-Mervent et du Roc-Saint-Luc, et forment une bordure extérieure à la plaine de Fontenay-le-Comte.

l_1 — **Rhétien.** — Les couches les plus anciennes de ces terrains, que l'on prendrait aisément pour du houiller, sont formées de poudingues et de grès grossiers plus ou moins friables, reposant directement sur les roches anciennes. La voie ferrée les coupe dans la partie sud de la tranchée de Moulin-Rouge, dans les tranchées de Bourneau, Fourchaud et à la station de Bourneau-Mervent.

Elles recouvrent les hauteurs, à l'ouest de la forêt de Mervent et s'étendent, au nord-ouest, vers Saint-Cyr-des-Gâts et, à l'ouest, vers l'Hermenault.

Peut-être existent-elles sur le bassin houiller même, mais aucune coupe n'en a permis la constatation ; toutefois, le long du chemin qui va du passage à niveau de la Frouardière à Saint-Maurice-le-Girard, jusqu'au filet d'eau des Sources, sur les phyllades et noyés dans une argile jaunâtre, produit de leur décomposition, existent des traces de poudingues et de grès grossiers qui ne semblent pas pouvoir être rapportés au houiller.

La coupe ci-dessous, prise près de la Marzelle, sur la route du Pont de la Touche à Pissotte, rive droite de la Dalle, montre le passage du niveau des grès et poudingues au calcaire dolomitique hettangien.

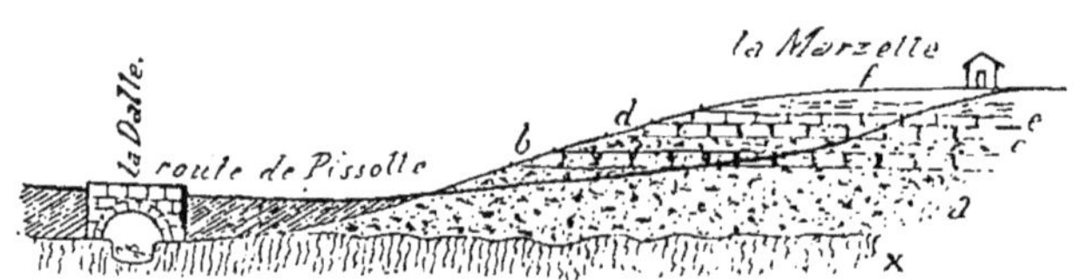

FIG. 3.

x. *Phyllades séricileux.*

a. *Poudingues ou grès grossiers plus ou moins friables* . . . . 3m00 à 5m00

b. *Grès blanchâtre fin* . . . . 0 35 à 0 40

c. *Poudingues ou graviers*	0 25 à 0 30
d. *Grès fin ferrugineux rougeâtre*	0 25 à 0 30
e. *Calcaire dolomitique jaunâtre*	0 60 à 0 80
f. *Autres calcaires dolomitiques séparés par plusieurs lits d'argile verdâtre, visibles sur*	2 *mètres.*

Ce terrain fournit des matériaux d'empierrement de très bonne qualité, qui sont surtout exploités aux environs de Fourchaud, à une distance de six à sept cents mètres de la station de Bourneau-Mervent.

l^1. — **Hettangien.** — Comme vient de le montrer la coupe ci-dessus, les calcaires dolomitiques du Hettangien reposent, en stratification concordante, directement sur les poudingues de Bourneau, mais cette superposition n'existe pas toujours et, sur le bord de la plaine de Fontenay-le-Comte, au Pissotte, on les voit reposer directement sur les phyllades du massif du Roc-Saint-Luc.

Cette formation n'a été atteinte, dans les travaux de la ligne, qu'au fond de la tranchée de la Frouardière, mais on la rencontre aussi à fleur du sol à la Chotière, la Demaire, au château de la Cressonnière, sur la route de Fontenay à la Châtaigneraie, — bassin houiller ; — à la Marzelle, la Boinnière, — massif de Bourneau-Mervent ; — sur toute la rive droite de la Vendée, depuis la Lézardière jusqu'à Pilorge et, sur la rive gauche, à la fontaine de l'Orbrie dans la vallée de la Vendée, — plaine de Fontenay-le-Comte.

Ces calcaires, souvent caverneux, ne sont guère utilisés qu'en moellons dans tous les endroits cités.

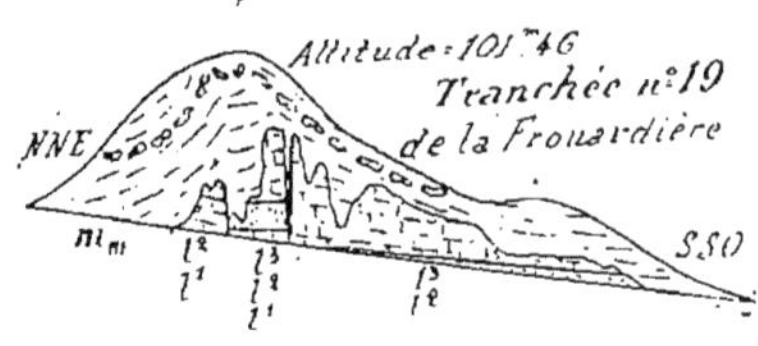

FIG. 4.

l^1 *Calcaire dolomitique hettangien.*
l^2 *Calcaire oolithique sinémurien.*
l^3 *Calcaire grèseux charmouthien.*
m_{III} *Argile rouge avec rangées de silex charmouthiens en place.*

l^2. — **Sinémurien.** — Les calcaires blancs oolithiques qui surmontent les précédents existent, sur tous les points déjà signalés, avec une épaisseur variant de quatre-vingts centimètres à deux mètres cinquante ; ils en sont ordinairement séparés par une couche d'argile verdâtre semblable à celle de la base du Hettangien.

Cette pierre, très dure, peut fournir de bons matériaux de construction. Dans ce but, ou pour pavés, elle est exploitée à la base de la carrière de la Lézardière, commune de Pissotte, sur deux mètres d'épaisseur.

On la trouve également à la partie inférieure de la carrière du four à chaux de la Cressonnière, commune de Cezais, où les bancs sont ainsi désignés de haut en bas :

c Banc vif (calcaire oolithique) .	0m25	Avec mouches de galène.
b Banc de sable (calc. oolithique)	0 25	
*a*₁ Banc blanc (calcaire compact, faiblement oolithique)	0 40	
a Banc de carreaux (calcaire compact)	0 30	

l^3. — **Charmouthien.** — Sur les calcaires blancs oolithiques on trouve la série des calcaires grèseux du Liasien ou Charmouthien, plus connus sous le nom de pierres rousses.

La pierre rousse se montre sur une grande surface du bassin houiller vendéen, à la Fenêtre-Gautron, la Tournerie, Verrière, la Brochonnière, Cezais, Bellevue, la Cressonnière ; elle occupe également les deux rives de la Vendée, depuis la Lézardière jusqu'au Pâtis, à droite, et depuis l'Orbrie jusque près du Calvaire Saint-Jean et du Moulin de la Roche où elle est recouverte par des alluvions, à gauche.

Attaquée par les travaux, dans la tranchée de la Frouardière, on l'a également recoupée aux passages inférieurs de Pissotte à la Lézardière et à l'Orbrie, ainsi que dans les fondations des ponts de la prairie du Pâtis et de la Vendée.

Dans le bassin houiller vendéen, c'est dans la pierre rousse que sont creusées les carrières du four à chaux de Bellevue, et, non loin d'elle, au four à chaux de la Cressonnière, exploité par M. Flandrot, on peut voir la coupe ci-dessous :

Charmouthien.	*l.* Calcaire à rognons siliceux avec mince délit de grès (grison)		2m00
	k. Grison.	Niveau à bélemnites.	0 10
	j. Bancs à têtes, alternant avec lits argileux feuilletés . .		1 10
	i. Deux bancs de pavés . . .		0 50
	h. Deux bancs calcaires, alternant avec lits argileux feuilletés.		0 70
	g. Grison		0 20
	f. Gros banc (calcaire à chaux)		0 45
	e. Un banc en trois levées (calcaire à chaux).		1 20
	d. Banc de grison (grès grossier, poudingue à la base)		0 30
Coupe du Sinémurien donnée ci-dessus			1 20

Sur les bords de la plaine de Fontenay, les carrières de Lézardière et de Chamboyer, près Pissotte, celles de Brelouze et de Mérité, commune de Saint-Michel-le-Cloucq, fournissent, depuis longtemps, de très bons matériaux, ainsi que peuvent en témoigner les soubassements des églises de Longèves, de l'Hermenault, de Pouillé, de même que le quai de la rive droite de la Vendée, en aval du Pont-Neuf, à Fontenay-le-Comte.

Voici, ci-dessous, la coupe relevée dans la carrière de Mérité, exploitée par MM. Ferré frères, et distante de deux kilomètres huit cents mètres de la station de Fontenay :

Alternance du calcaire argileux bleuâtre, jaunâtre supérieurement, avec *Hildoceras bifrons* à la base, sans couche de calcaire oolithique (Toarcien). . 4m50 à 5m00

a. Banc de moellons	0 50
b. Banc de chandelles.	0 50
c. Banc de chenards ou banc jaune (avec chailles de silex).	0 40
d. Banc doux	0 22 à 0 25
e. Gros banc ou banc de 60	0 60
f. Banc gris ou banc de 40	0 35 à 0 40
g. Banc bleu.	0 20
h. Banc roux	0 25
i. Banc de pieuzou ou de 20.	0 20

La pierre rousse de Mérité, prise en carrière, se paye vingt-sept francs le mètre cube, elle vaut trente-cinq francs, en gare de Fontenay-le-Comte ; son poids varie, selon les bancs, de 2,028 kilogrammes le mètre cube (gros banc ou banc de 60), à 2,132 kilogrammes (banc roux) ; sa résistance à l'écrasement est moyennement de 287 kilogrammes par centimètre carré, mais descend parfois à 203 kilogrammes (banc de pieuzou), de même qu'elle peut atteindre 370 kilogrammes (banc doux) [1].

l^4. — **Toarcien.** — Les couches toarciennes, qui couronnent les terrains du Lias, sont formées d'une alternance d'argile et de calcaire argileux.

A moins, toutefois, que la couche grumeleuse qui surmonte la pierre rousse — banc de moellons de Mérité — n'en tienne lieu, le calcaire argileux oolithique à *Hildoceras bifrons*, si caractéristique dans la plaine de Niort, semble manquer ici à la partie inférieure. Ce fossile se montre toujours dans les cinquante à soixante centimètres d'argile bleue de la base, ensuite viennent : *Lioceras serpentinum*, *Plagiostoma toarcense* et la série des *Grammoceras*.

Le Toarcien se termine par des argiles et calcaires argileux presque toujours jaunâtres, avec la faune accompagnant d'ordinaire *Ostrea Beaumonti*.

La puissance de l'ensemble du Toarcien peut être évaluée entre cinq et huit mètres.

Dans le bassin houiller, il forme une lentille autour de la Frouardière, couronne la carrière du four à chaux de la Cressonnière, traverse la ligne de chemin de fer vers le kilomètre 14,300 mètres, se trouve depuis la ligne jusqu'après le four à chaux de Bellevue, montrant tantôt les couches inférieures, tantôt les couches moyennes exploitées pour ce dernier dans la carrière des Bourrus. On le retrouve encore au nord et à l'est de Cezais, le long de l'affleurement du Houiller, ainsi qu'au nord des Fontaines.

Aux environs de Fontenay, les argiles toarciennes se montrent, comme on a pu le remarquer, au-dessus de Mérité et sur les coteaux qui dominent la rive gauche de

(1) Cfr. *Répertoire des Carrières de pierres de taille exploitées en 1889*, p. 280-281. Paris, 1890.

la Vendée, à l'Orbrie. Sur la rive droite, on les voit formant glacis au haut du coteau, depuis Pissotte jusqu'à Pilorge, où elles sont recouvertes par des alluvions des hauteurs.

La ligne a coupé les couches inférieures à *Hildoceras bifrons,* dans la tranchée de la Lézardière, et les argiles jaunes à *Ostrea Beaumonti*, au passage inférieur de la Bonnaudrie. Sur la route nationale n° 138ter, passant par Fontenay et la Châtaigneraie, au kilomètre 25, le curage des fossés a mis au jour les couches à *Plagiostoma toarcense*. Plus ou moins recouvertes de terres entraînées par le ruissellement, les argiles occupent tout le bas fond qui s'étend du Roc à la Croix-Bonnette par les Combes ; enfin, elles se montrent presqu'au niveau de la Vendée jusqu'aux portes de Fontenay-le-Comte.

FIG. 5.

l3 Calcaire grèseux charmouthien, dans la tranchée du chemin de la Lézardière.

l4 Argiles toarciennes avec Hildoceras bifrons à la base.

Les argiles de ce terrain sont propres à la fabrication des tuiles, des briques et de la grosse poterie. Les calcaires, bien traités, pourraient peut-être fournir de la chaux hydraulique ; pour le chaulage, leur richesse en débris fossiles et, par suite, en phosphate, doit les faire préférer à la pierre rousse et aux calcaires de l'oolithe inférieure.

Les couches toarciennes sont éminemment propres à

retenir les eaux d'infiltration de la surface, aussi plusieurs sources, d'importance inégale, se trouvent-elles dispersées le long de leur affleurement, près de Mérité, au Pâtis, aux pieds du faubourg Marchoux, etc.

OOLITHE

*J*IV. — **Bajocien.** — Ce terrain est essentiellement formé de calcaires grossiers, blanchâtres, plus ou moins gelifs, coupés par la ligne, dans la tranchée des Combes et dans celle de l'Ouillette ou de la station de Fontenay.

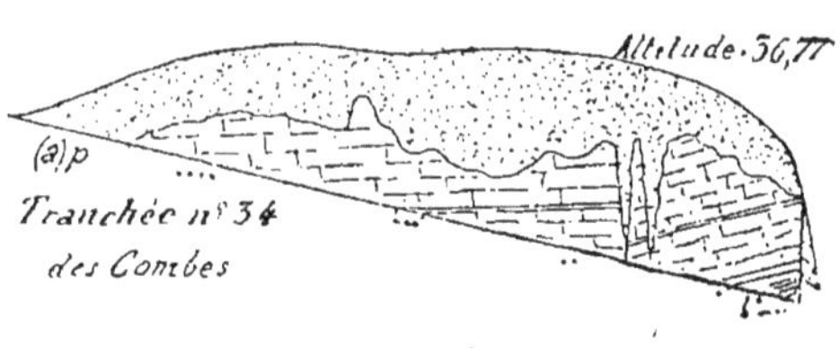

FIG. 6.

Dans la tranchée des Combes (fig. 6), les couches inférieures du bajocien reposent directement sur les argiles et calcaires argileux jaunâtres des Toarciens, et montrent la succession suivante de haut en bas :

**** Zone à *P. Parkinsoni.*	*h.* Plusieurs bancs de calcaire grenu, blanchâtre, gelif, de 0m60 à 0m70, avec *Ammonites* du groupe de *Cœloceras Humphriesi* ou *Deslongchampsii*	3m00 à 4m00
*** Zone à *C. Noirtense.*	*g.* Deux lits argileux à rognons phosphatés séparés par un banc de calcaire blanc. .	0 50

** Zone à *S. Sauzei*.	*f.* Deux couches de calcaire marneux, blanc, sonore, gelif, séparées chacune par un faible délit argileux	0 70 à 0 75
	e. Calcaire semblable au précédent, avec *Stephanoceras Sauzei* et formes du genre *Sonninia*	0 55
* Zone à *H. Murchisonæ*.	*d.* Calcaire à oolithes ferrugineuses supérieurement avec *Harpoceras Murchisonæ*; *Ostrea Beaumonti* sur dix centimètres, à la base. .	0 35 à 0 40
l^4	*a. b. c.* Argile et calcaire argileux jaunâtres avec *Ostrea Beaumonti*. (Toarcien)	0 80

Sur le bassin houiller, on trouve les calcaires bajociens près des Fontaines, où une carrière abandonnée montre leurs couches supérieures avec le banc pourri fossilifère et le premier banc de calcaire bathonien, le tout recouvert d'argile rougeâtre. Ces calcaires existent parallèlement à la bande houillère des Gazelles, des Fontaines à Cezais, s'étendent vers Moulin-Cresson, Bellevue et La Place.

Dans la plaine de Fontenay, sur les rives de la Vendée, ils occupent tout le plateau, depuis Pissotte et l'Orbrie jusqu'à Pierre-Blanche et les Combes ; là, les calcaires bathoniens les recouvrent et on ne les voit plus qu'à flanc de coteau et au fond des vallons, jusqu'au-dessous de la ville.

Les calcaires bajociens ont été coupés par la ligne dans la tranchée des Combes et dans celle de la gare de Fontenay; dans la ville, sous le Pont-Neuf, on les voit former le fond de la Vendée. Les couches inférieures ont été exploitées aux Hautes-Gasses et à la Vitrelle, près Pissotte; elles n'ont jamais fourni que des matériaux de mauvaise qualité.

Les couches supérieures peuvent donner des moellons et de la pierre de taille peu estimés; des exploitations ont été ouvertes près les Moriennes où il existait autrefois un four à chaux, au Tilleul, près de Pierre-Blanche, de l'Ame-d'Oie et de la gare de Fontenay.

*J*I-III. — **Bathonien.** — De même que le Bajocien, le Bathonien est essentiellement formé de calcaire grenu, assez résistant, devenant parfois jaunâtre et ferrugineux à la partie supérieure.

Un mince lit d'argile grisâtre fossilifère établit la séparation des deux étages. Sa faune, composée surtout de *Pictonia zigzag*, d'Orb.; *Parkinsonia ferruginea*, Oppel; *Morphoceras polymorphum*, d'Orb.; *Cœloceras linguiferum*, d'Orb.; *Terebratula sphœroïdalis*, Sow., et *Quylliensis*, Bayle, montre clairement qu'il est l'analogue du banc pourri de Sainte-Pezenne, près Niort.

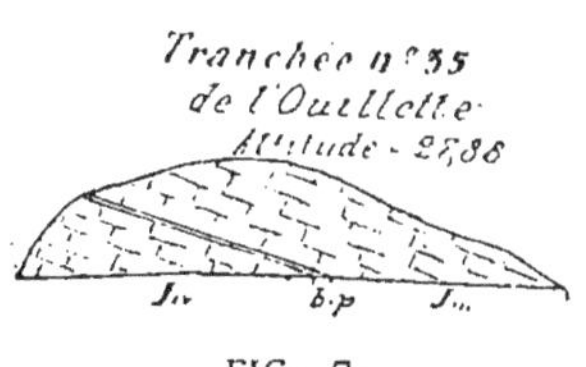

FIG. 7.

*J*IV. — *Calcaire blanc à P. Parkinsoni.*
b. p. — Banc pourri, niveau de Sainte-Pezenne, près Niort.
*J*III. — *Calcaire blanc à C. linguiferum.*

Vers la partie moyenne des calcaires, se montrent plusieurs bancs avec rognons de silex — *pierre d'allaize* des ouvriers — on y trouve, ainsi que dans les couches situées au-dessus : *Pictonia*, Cfr., *Arbustigera*, d'Orb.; *Sphæroceras*, Cfr., *Ymir*, Oppel. Enfin, les bancs de calcaire du sommet sont caractérisés par *Oppelia aspidoïdes*, Oppel ; *Pictonia subbackeriæ*, d'Orb. ; *Sphæroceras bullatum* et *microstoma*, d'Orb. ; *Macrocephalites macrocephalus*, Schloth...

Dans le bassin houiller, à l'angle sud-est de la carrière des Fontaines, sur huit mètres de calcaire grossier blanchâtre, bajocien, on voit le banc pourri fossilifère ayant cinq à dix centimètres d'épaisseur, surmonté de soixante-quinze centimètres de calcaire blanc bathonien.

Dans la plaine de Fontenay, ce terrain s'étend sur les deux rives de la Vendée, depuis le nord de la ville jusqu'auprès de Velluire.

*J*III. — Les couches inférieures seules existent sur les hauteurs du Marchoux et dans les anciens fossés du château, où M. Baron a signalé l'existence du banc pourri (1). Le même banc a été coupé dans la tranchée de la gare (fig. 7), ainsi que dans les terrassements avoisinants ; des fouilles l'ont mis au jour près de la Brasserie de l'Ouillette, à deux mètres de profondeur ; enfin, aux pieds de la Ruine, dans le vallon de Mouillesac, un petit filet d'eau prend naissance à son niveau.

*J*II. — Passé le vallon de Mouillesac et le bas fond du chemin de Fontenay aux Herbiers, on ne trouve plus que les couches moyennes et supérieures de cet étage, abaissées par des ruptures.

(1) G. Baron. *Observations sur le terrain jurassique des environs de Fontenay-le-Comte (Vendée)* p. 482. in. *Bull. Soc. Géol.* France, 3e série, t. XIII, 1885.

Les traces d'exploitation de ces couches sont nombreuses et il n'est pas d'habitation qui n'en montre quelqu'une, comme au Moulin de la Croix, au Guigneray, près Boisse, à la Darlaise, à la Maison-Neuve, etc., mais de véritables carrières existent à Massigny, près Velluire et à Gaillardon, au nord-ouest de Fontenay.

Le calcaire blanc de Massigny, surtout employé à Velluire, Doix, Montreuil et Fontaine, vaut 22 francs le mètre cube pris en carrière ; il est un peu gelif, sauf le banc de *Duraud*. Au fond de l'une des carrières on voit apparaître les chailles — *pierres d'allaize* — qui existent à fleur du sol un peu plus à l'est, près du passage à niveau de la route nationale 138ter, où ils sont recherchés pour l'empierrement.

La pierre de Gaillardon, blanche, à grain fin, un peu gelive, a été employée dans la construction de la caserne et du collège de Fontenay ; son prix est de douze francs le mètre cube, en carrière, et de dix-huit francs, en gare, distante de deux kilomètres six cents mètres. Dans la carrière de M. Jaguin, on peut voir la succession suivante des bancs exploités.

Pierre de chaux (moellons)			0m90
Bancs à moellons avec petit délit fossilifère au-dessous			1 30
Bancs à moellons			1 55
Banc couillon			0 45
Banc de 1m20.	1er Banc.	0m70	1 20
	Banc de 1 pied.	0 50	
Banc de 3 pieds ou de 1 mètre.			1 00
Banc de 6 pieds.	Banc froux.		2 00
	Banc de 26 pouces.		
	Banc de 2 pieds.		
Banc de 4 pieds.	Banc blanc	0 60	1 40
	Banc bourru	0 70	

Banc de 7 pieds.	Gros banc dit banc de cinq pieds. . . .	Banc gris. / Banc de 80	1 50	2 30
	Dernier banc.		0 80	

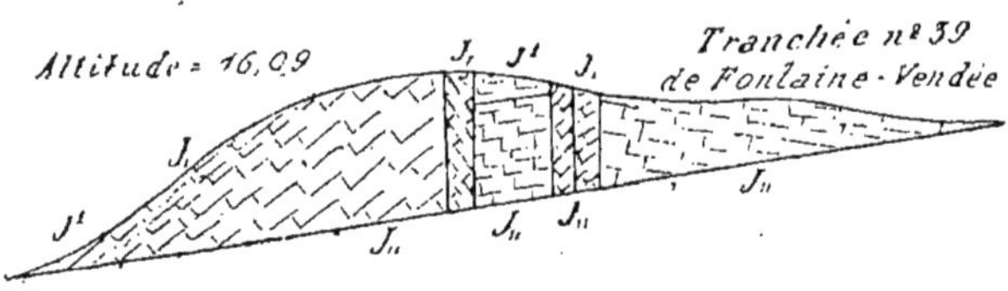

FIG. 8.

J_{II}. — Calcaire du Bathonien moyen avec chailles à la base et P. Arbustigera.

J_{I}. — Calcaire du Bathonien supérieur à Oppelia aspidoïdes.

J^1. — Callovien inférieur à Reineckia anceps.

J_{I}. — Les calcaires supérieurs, généralement blancs, avec traces siliceuses de spongiaires — tranchée du Moulin de la Moulinette, carrière de Langlée, près Poiré-sur-Velluire, — peuvent aussi se montrer faiblement argileux et teintés en jaunâtre par de l'oxyde de fer — extrémité sud de la tranchée de Mouillesac, tranchée de Fontaine, Auzais ; — ils se distinguent alors difficilement des couches inférieures du callovien, toutefois la présence des fossiles cités plus haut et l'absence absolue de *Reineckia anceps*, Reink., et *Terebratula dorsoplicata*, Deslong, permettront de les reconnaître. La couche supérieure paraît parfois corrodée à la surface, et le lit d'argile par lequel débute le Callovien, presque nul en certains points, peut atteindre jusqu'à vingt-cinq centimètres d'épaisseur, en d'autres.

J^1. — **Callovien.** — Les premières couches surmontant les calcaires bathoniens, sur une épaisseur de trois à quatre mètres, sont formées de petits bancs de calcaire argileux de dix à quinze centimètres d'épaisseur séparés par des couches d'argile grise de deux à dix centimètres contenant la faune à *Reineckia anceps,* Reink. : *Harpoceras lunula,* Ziet.; *H. hecticum*, Hartm. ; *H. punctatum*, Stahl ; *Macrocephalites Macrocephalus*, Schloth.; *Perisphinctes Backeriæ*, Sow. ; *Terebratula dorsoplicata,* Deslong., etc.

Au-dessus de ces calcaires argileux se montre une couche de marne blanche à oolithes ferrugineuses, très fossilifère, avec *Stephanoceras coronatum*, Brug.; *Reineckia anceps*, Reink. ; *Rhynchonella acutilobata*, Deslong. ; *Millericrinus granulosus* ? Etal..

Le sommet du Callovien est formé d'une puissante masse de marne jaunâtre à Ammonites pyriteuses, surtout abondantes, sur un mètre d'épaisseur, à la base.

Les calcaires argileux se montrent au Moulin-Bertin, au sommet de la tranchée de Fontaine et tout autour d'une sorte de cuvette produite par l'effondrement des couches autour du bourg, à Bellevue au-dessus des carrières de Massigny, à la métairie de Villeneuve.

FIG. 9.

*J*II-I. — *Calcaire bathonien dans une faille.*
J^1. — *Calcaire callovien à Reineckia anceps.*
J^1_1. — *Marne jaunâtre fossilifère, avec couche à crinoïdes à la base.*

Les marnes jaunâtres occupent tous les mamelons, depuis la Forêt-Nesdeau jusqu'à Velluire, où elles forment l'ilot des Essarts ou du Grand-Moulin. La ligne les traverse dans les tranchées des Moulins de Chavigneau et de la Moulinette. Elles sont exploitées, pour tuilerie, au Poiré-sur-Velluire, dans une marnière de six à sept mètres de profondeur.

SÉRIES TERTIAIRE ET QUATERNAIRE

m_{III}. — **Argile rouge pictavienne** (1). — Cette argile, rouge ou brun rougeâtre, très perméable, renferme constamment, dans les endroits qui n'ont subi aucun remaniement, les rognons de silex ou chailles des calcaires qu'elle remplace. — Tranchée de la Frouardière (fig. 4).

Dans le bassin houiller, près de Bourneau, et dans la plaine de Fontenay, elle se montre sur les calcaires bajociens et bathoniens ainsi que sur les grès-calcaires charmouthiens, où elle est un peu sableuse. Le ruissellement, travaillant constamment à dénuder les hauteurs, entraîne ces argiles dans le fond des vallons, où elles forment une couche de terre végétale de plusieurs mètres d'épaisseur.

(*a*) *p*. — **Alluvions des hauteurs**. — Ces alluvions sont formées d'un mélange d'argile rouge sableuse et de cailloux roulés provenant de la dénudation de tous les terrains précédemment décrits. Les terrassements les ont mises au jour dans la tranchée des Combes (fig. 6) ; on en rencontre des lambeaux sur les hauteurs qui bordent la Vendée, depuis l'altitude de quarante mètres, à l'Orbrie, jusqu'à celle de douze à quinze mètres, à Velluire. Une

(1) Nous avons adopté cette nouvelle dénomination, de concert avec M. Welsch, professeur de géologie à la Faculté des sciences de Poitiers, pour une formation décrite et classée de façons bien diverses par les différents auteurs qui ont écrit sur la géologie de la région. Voir p. 51-53.

PL. I. — **Coupe de la tranchée ouverte, sur la rive gauche de la Vendée, pour la route de Pissotte à l'Orbrie.**

---

a. *Sablière à droite, en montant la route.*

b. *Route de Pissotte à l'Orbrie.*

c, c. *Phyllades.*

d, d[1]. *Graviers et cailloux roulés.*

e. *Sables fins.*

f. *Traces de ravinement des alluvions par la Vendée pleistocène.*

g. *Sables et graviers comblant le ravinement.*

h. *Sables recouvrant le tout.*

bonne coupe de ces alluvions est celle que montre la tranchée ouverte, sur la rive gauche de la Vendée, pour la route de Pissotte à l'Orbrie. (Voy. pl. 1.)

a^1. — **Alluvions anciennes.** — A partir du point où la Vendée cesse d'être enserrée en des rives rocheuses difficilement attaquables par le courant, à son débouché dans la plaine de Fontenay, la vallée s'élargit tout à coup et, entre Pissotte et l'Orbrie, à onze ou douze mètres d'altitude, le fond est occupé par des alluvions siliceuses, formées de sables plus ou moins fins et de cailloux roulés, souvent énormes, semblables à ceux des alluvions des hauteurs. Ces alluvions, marquant le fond de la vallée quaternaire, se montrent sur tout son parcours jusqu'à Velluire où elles sont recouvertes par le bris marin.

a^1_{II}. — A une altitude un peu plus élevée, au flanc des coteaux du cimetière à la gare de Fontenay, de Biossais, de la Darlaise, se montrent d'autres alluvions calcaires et argileuses jaunâtres, paraissant avoir une origine un peu différente, car les matériaux déposés semblent ne provenir que des environs immédiats des concavités du coteau remblayées.

a^2. — **Alluvions actuelles.** — Le fond de tous les vallonnements qui découpent la plaine est généralement formé de limon rougeâtre emprunté, par le ruissellement, aux argiles pictaviennes. Près de Velluire, le bris marin fait son apparition et recouvre, d'une couche peu épaisse encore, les alluvions anciennes quaternaires.

Les alluvions des hauteurs ainsi que les alluvions anciennes du fond des vallées peuvent servir à l'empierrement ou au ballastage. Celles-là sont exploitées, un peu partout, entre le Moulin-Bertin et Velluire, mais ne pourraient suffire à un grand débit ; tandis que celles-ci, dont le principal centre d'exploitation est à Saint-Médard-des-Prés, pourraient fournir par milliers de mètres cubes d'excellents matériaux. Une autre exploitation est ouverte dans les prairies en amont du Pâtis, et quelques trous peu importants existent aussi près de Velluire.

A l'est de ce dernier bourg, le bris marin est exploité pour tuilerie, mélangé aux marnes argileuses calloviennes du Poiré-sur-Velluire ou aux alluvions argileuses jaunâtres des Ajoncs et de l'Angle.

Les terrains de la plaine de Fontenay et ceux qui recouvrent le bassin houiller de Vouvant ou les roches de Bourneau, présentant une composition variable, offrent ainsi à l'agriculture des conditions bien diverses de fertilité.

Les terres les plus complètes sont évidemment les marnes toarciennes qui, riches en chaux, en acide phosphorique et en potasse, possèdent tous les éléments désirables de fertilité. C'est par excellence la terre des prairies et des herbages.

Tous les autres terrains sont riches en chaux, à l'exception des poudingues et grès rhétiens et, parfois aussi, des argiles rouges pictaviennes, lorsque celles-ci atteignent une grande épaisseur sur une certaine étendue.

Les argiles rouges pictaviennes tantôt profondes, tantôt recouvrant simplement les calcaires de l'oolithe inférieure ou les grès calcaires du charmouthien d'une couche de quarante à soixante centimètres, forment des terres fortes dans lesquelles les céréales donnent merveilleusement, grâce aux engrais phosphatés. Lorsque l'argile diminue ou disparait complètement, on a alors de bonnes terres de groie, encore productives, ou des groies très sèches dans lesquelles le sainfoin seul peut végéter ; ici, non seulement les engrais phosphatés mais aussi les engrais potassiques sont utiles, et les varechs des côtes de l'Océan, réduits en cendres, pourraient fournir la potasse si nécessaire à la belle venue des légumineuses.

Les terres argilo-calcaires du Callovien donnent de fortes groies très propres aux prairies artificielles. Les alluvions des hauteurs sont parfois un peu sèches, pourtant la vigne semble pouvoir y réussir ; tandis que les alluvions anciennes et surtout actuelles, toujours fraîches, fournissent des prairies naturelles et des herbages fort estimés.

Le vieux système de culture de la plaine en trois soles dont une en jachère, quoique très épuisant, est encore suivi par bien des cultivateurs ; toutefois, on tend généralement à lui substituer un assolement plus rationnel de six ou huit années, différant suivant les variétés du sol ; le plus souvent le froment y alterne, de trois années l'une, avec le colza et le trèfle rouge, la pomme de terre et l'avoine, la vesce et le colza, la jarousse et l'orge de mars, le colza et l'orge d'automne. Les orges de la plaine de Fontenay ont une grande réputation et sont spécialement recherchées pour les brasseries.

***

La succession des roches formant les premiers dépôts cambriens reconnus sur la ligne de Paris à Bordeaux, entre Mazières et Champdeniers, est assez semblable à celle que l'on retrouve ici. En effet, si l'on considère dans son ensemble la partie du Bocage traversée par la ligne, entre le Breuil-Barret et Fontenay-le-Comte, on remarque qu'elle est formée de micaschistes fins sur lesquels viennent s'appuyer des phyllades d'abord massifs, puis des phyllades sériciteux, et encore des phyllades massifs ou feuilletés dans lesquels se montrent des couches discontinues, plus ou moins puissantes et étendues, de quartzites, de phthanites et de schistes ferrugineux.

Ces roches ont subi, postérieurement à leur formation, certaines modifications par suite de la pénétration d'éléments étrangers à travers leurs feuillets. C'est ainsi qu'ont dû prendre naissance les porphyroïdes, les micaschistes granulitiques ou gneiss de Bourneau et les phyllades granulitiques glanduleux du Roc-Saint-Luc.

Les pénétrations granulitiques se sont surtout concentrées, suivant une même direction, autour de centres principaux qui forment actuellement les axes des deux anticlinaux. Les filons de quartz laiteux, répandus un peu partout, semblent s'être surtout concentrés vers l'axe synclinal, de Coquilleau à Mouilleron-en-Pareds.

Les micaschistes et les phyllades n'occupent plus actuellement leur position primitive. Ils sont redressés, plongeant tantôt au nord-est, tantôt au sud-ouest et se repliant sur eux-mêmes pour former des ondulations dirigées du sud-est au nord-ouest.

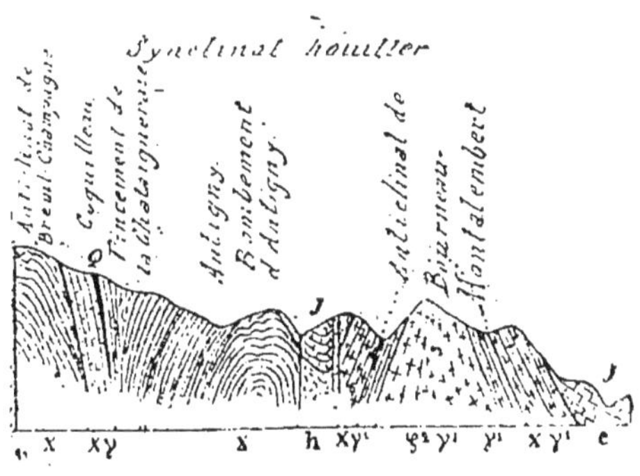

FIG. 10.

Coupe du versant sud-ouest du massif vendéen, du Breuil-Barret à Fontenay-le-Comte.

x. — Phyllades du Cambrien inférieur.
xγ. — Porphyroïdes.

$x\gamma^1$. — *Phyllades séricileux granulitiques amygdaloïdes.*
$\zeta^2\gamma^1$. — *Massif de micaschistes granulitiques.*
γ^1. — *Granulite.*
Q. — *Quartz de granulite, en filons.*
h. — *Terrain houiller.*
J. c. — *Calcaires jurassiques.*

Du Breuil-Barret à Fontenay, ils forment un grand plissement synclinal, — *synclinal houiller,* — compris entre deux grands mouvements anticlinaux. Le premier, au nord, — *anticlinal de Breuil-Champagné,* — est la continuation de celui signalé par nous dans les Deux-Sèvres, à Mazières-en-Gâtine, et par M. Welsch, dans la Vienne, à Champagné-Saint-Hilaire et Availles-Limousine ; le second, au sud, — *anticlinal de Bourneau-Montalembert,* — se continue au sud-est, par Saint-Pompain, vers Montalembert. Au nord de Niort, dans la partie médiane de cet anticlinal, la voûte, en s'effondrant, a donné naissance à un petit synclinal au fond duquel coule la Sèvre, entre La Crèche et Saint-Maxire (¹).

Dans le grand synclinal houiller, les dépôts de cet âge n'occupent pas l'axe principal du plissement, ils sont re-

(¹) Pour les plissements du Poitou, voir :

Boisselier. *Sur les plissements du sol dans le massif vendéen, le détroit du Poitou et le Bassin de la Charente,* in compt. rend. Ass. franç. Avanc. sc. Toulouse, t. II. 1888. — *Carte géologique détaillée de la France au 1/80000 ; feuille 141. Fontenay.* 1892.

A. Fournier. *Loc. cit. Paris-Bordeaux,* 1891.

J. Welsch. *Les plissements des terrains secondaires dans les environs de Poitiers,* in compt. rend. Acad. sc. 13 juin 1892. — *Essai sur la géographie physique du seuil du Poitou,* in Ann. Géogra. 2ᵉ année, nº 5. 15 octobre 1892. — *Sur les plissements des couches sédimentaires dans les environs de Poitiers,* in *Bull. soc. géol.* France, 3ᵉ série, t. XX. Août 1893.

Wallerant. *Carte géologique détaillée de la France au 1/80000 ; feuille 130, La Roche-sur-Yon.* 1892.

jetés, au contraire, dans un petit synclinal situé aux pieds de l'anticlinal de Bourneau-Montalembert, et séparé de l'axe synclinal principal par un petit bombement, — *anticlinal ou bombement d'Antigny.* — Ce double mouvement, qui pourrait bien être en relation d'âge avec la venue au jour de la porphyrite augitique de Monsireigne, paraît assez constant, nous l'avons remarqué entre Puy-de-Serre et le Breuil-Barret, sur la ligne d'Angers à Niort, et il semble également exister entre Mazières et Champdeniers, sur la ligne de Paris à Bordeaux.

Préciser à quelle époque les mouvements d'ondulation de l'écorce terrestre ont dû commencer à former le relief du pays, paraît assez difficile. Il est de fait, toutefois, qu'avant l'époque houillère et même avant l'époque dévonienne, les phyllades cambriens formaient un massif émergé d'une certaine étendue, ayant comme anticlinaux, dans la région qui nous intéresse, le massif granitique de Pouzauges à Moncoutant, au nord-est ; le massif granulitique de la Chaize-le-Vicomte et les micaschistes granulitiques de Bourneau-Mervent, au sud-ouest. Entre ces deux grands anticlinaux, un grand synclinal se dessinait déjà et était envahi, au sud-est, par la mer dévonienne au moins jusqu'au-dessus de Saint-Laur, car nous avons trouvé près de l'habitation du directeur des mines, à la Rampière, entre les phyllades cambriens et les poudingues houillers, un lambeau de grès dévoniens semblables à ceux du cimetière aux chiens de la Ville-Dé d'Ardin.

Les efforts considérables auxquels est dû la formation de la chaîne calédonienne, avec laquelle le massif vendéen est en relation d'âge, continuant à agir, les plissements se multiplièrent et le synclinal houiller fut enfin constitué. Les débris de roches et de végétaux du massif, entraînés par les eaux, vinrent le combler de dépôts fluvio-lacustres dont les restes encore existants attestent l'ancienne puissance de cette formation.

De quelles parties du massif vinrent les sédiments? Combien de cours d'eau ont concouru à les fournir? En quels points du bassin débouchaient-ils? Questions difficiles, auxquelles les études du géologue auront à répondre dans l'avenir. Problèmes complexes dont la solution intéresse à la foi et la science, et l'industrie.

Le bassin fut-il entièrement comblé? L'éruption du massif de porphyrite augitique de Monsireigne coïncide-t-elle avec la fin de cette formation? Nous ne saurions le dire; mais les contractions énergiques qui donnèrent naissance à la chaîne hercynienne furent certainement les agents qui entrèrent en œuvre pour replier le houiller si énergiquement sur lui-même, et lui donner cette forme en fond de bateau qui le caractérise aujourd'hui.

De ce moment au commencement des temps secondaires, des dénudations profondes et considérables durent se produire, si bien que la mer liasique, en venant recouvrir transgressivement le pays, ne rencontra plus qu'une partie des puissants dépôts précédemment accumulés.

Les plus anciens sédiments de cette grande trangression se trouvent sur l'anticlinal de Bourneau-Montalembert; ce sont les grès grossiers et les poudingues rhétiens dont les matériaux proviennent, sans nul doute, de la destruction du houiller; ils semblent jalonner une ancienne ligne de rivage que les dépôts postérieurs débordèrent, envahissant jusqu'aux pieds du massif granitique de Moncoutant.

Les produits de dénudations rhétiens, les dolomies hettangiennes, les calcaires oolithiques sinémuriens, les grès calcaires charmouthiens caractérisent des dépôts littoraux; ce fait semble indiquer que, durant la période liasique presque entière, une sorte d'équilibre, de compensation existait entre la vitesse d'affaissement du sol et la puissance de sédimentation des eaux. Avec les vases toarciennes l'équilibre paraît rompu et la profondeur s'accroît légèrement ; ce mouvement d'affaissement s'affirme davantage avec les calcaires de l'oolithe, qui tous sont des dépôts littoraux de mer profonde.

La fin de l'époque jurassique est caractérisée par un mouvement en sens contraire qui fit surgir du sein des eaux les couches nouvellement formées, provoquant de nouvelles ondulations et des ruptures parallèles aux mouvements anciens et coïncidant avec eux.

L'espace de temps séparant l'émersion des dépôts jurassiques des derniers mouvements, causes du relief actuel du pays, fût marqué par des érosions considérables et par la formation, dans des conditions encore mal définies, des Argiles rouges pictaviennes. Ces argiles, ni marines, ni lacustres, ferrugineuses et *perméables*, semblent être un produit de décalcification sur place de certains terrains secondaires par les agents atmosphériques, décalcification qui se continue vraisemblablement encore de nos jours. Elles s'étendent sur les calcaires de l'oolithe inférieure ou du charmouthien, en nappes nullement stratifiées, dont l'épaisseur peut varier de quelques centimètres à plusieurs mètres, mais est toujours en raison directe de la puissance des calcaires disparus ; elles en montrent les zones de chailles, pareillement alignées et retraçant fidèlement l'allure des couches.

Les argiles recouvrant le Charmouthien diffèrent légèrement de celles qui recouvrent l'Oolithe inférieure, en ce qu'elles sont un peu plus brunes et mélangées de grains siliceux d'autant plus abondants que les grès sont moins calcaires.

Leur position naturelle, tantôt sur les couches du Lias moyen, tantôt sur celles de l'Oolithe inférieure, et leur composition légèrement modifiée selon les gisements leur ont fait attribuer des âges divers par les géologues. De Cressac et Manès, sans les distinguer positivement d'autres dépôts, les ont placés dans l'oolithe inférieure, sous le nom de *formation siliceuse* [1].

« Cette formation siliceuse, disent-ils, se compose des roches suivantes, généralement déposées en bancs horizontaux.

. . . .

« 2° D'argiles plus ou moins jaspoïdes, offrant des teintes bigarrées par un mélange de fer oxidé qui les fait souvent passer à un vrai minerai que l'on exploite pour les forges voisines.

« 3° Enfin de jaspes compactes et conchoïdes jaunâtres, de jaspes grenues et hematoïdes, de hornstein grisâtre ou noirâtre et de silex pyromaque ou oolithique ».

Fournel [2], ayant surtout étudié les argiles sableuses à rognons de silex du Charmouthien, les descend dans le Lias, sous le nom de jaspes.

Avec Cacarié, qui ne les sépare pas des sables et grès à végétaux, elles sont classées comme tertiaire. Dans le *terrain marin ou superficiel* [3], l'auteur toutefois remarque judicieusement « que ces débris remaniés ne se trouvent que sur les terrains dont ils proviennent, ou au moins, dans leur voisinage immédiat ».

Baugier [4] suit la classification de Cacarié.

Enfin, de Longuemar [5] ayant étudié les dépôts puis-

[1] De Cressac et Manès. *Notice géognostique sur le bassin secondaire compris entre les terrains primitifs du Limouzin et ceux intermédiaires de la Vendée.* Paris 1830, p. 104-105.

[2] Fournel. *Loc. cit.*, p. 39.

[3] Cacarié. *Description géologique du département des Deux-Sèvres,* in. mém. soc. stat. des Deux-Sèvres, 1re série, t. VII, 1843, p. 252-253.

[4] A. Baugier. *Esquisse géologique du département des Deux-Sèvres,* Niort, 1855, p. 15.

[5] De Longuemar. *Etudes géologiques et agronomiques sur le département de la Vienne.* Poitiers, 1870, t. I, p. 312.

sants du détroit poitevin, sépare définitivement du reste du terrain *la nappe des argiles rouges d'origine mixte*, qu'il classe même *hors série* et qu'il qualifie aussi de *terre à chataignier* et d'*argile rouge à silex*.

M. Welsch, dans ses « tableaux des terrains du département de la Vienne, pour les cours de géologie appliquée à la culture du département », leur donne les désignations suivantes : *argile rouge brun à minerai de fer du sud-ouest* (zone à châtaignier), et *terres à chailles sur les calcaires jurassiques* (terre rouge, truffière).

Dans nos précédents travaux, nous avions voulu restreindre aux seules *argiles mixtes* de M. de Longuemar, le sidérolithique des auteurs, sous le nom d'*argile à minerai de fer* (1) ou d'argile rouge avec rognons siliceux (2). Aujourd'hui, abandonnant cette manière de voir, nous laissons aux argiles sableuses, rouges ou bariolées, avec ou sans minerai de fer pisolithique la désignation de sidérolithique, et nous classons à part, et même *hors série*, ainsi que de Longuemar en avait eu l'intention, les *argiles rouges pictaviennes*, dont la formation embrasse, croyons-nous, une période géologique considérable.

En l'absence absolue de sédiments crétacés et tertiaires sur les terrains de la plaine de Fontenay, on est autorisé à admettre que ceux-ci n'ont pas été submergés depuis l'époque jurassique. De ce fait, il ne faudrait pas conclure qu'aucun mouvement, aucune dislocation se soit produite durant cette longue période ; bien au contraire, les ruptures des couches occasionnées par les mouvements contemporains de la formation de la chaîne alpine, orientées pour la plupart transversalement aux dislocations antérieures,

(1) A. Fournier. *Documents pour servir à l'étude géologique du détroit poitevin,* in. Bull. soc. géol. France, 3e série, t. XVI. Mars 1888.

(2) A. Fournier. *Loc. cit.*, p. 17.

souvent la continuité du travail interne, et, de fait, à l'époque pléistocène, une dépression existait au sud de Fontenay, où les flots de l'Océan ont laissé des traces indéniables de leur séjour à la hauteur de Maillezais. A cette époque, le ruissellement général avait modelé le relief du pays, au moins dans ses lignes principales, et la Vendée existait déjà, conduisant ses eaux à la mer dans la direction de l'Ile-d'Elle, par une vallée dont on ne retrouve plus que quelques traces de l'ancien fond, représenté par les *alluvions des hauteurs*; vallée dont les coteaux ont été depuis complètement détruits, entre le Roc-Saint-Luc et la mer.

A la fin de la période tertiaire, l'émersion des dépôts marins, portés à une altitude de 15 ou 16 mètres au dessus du niveau de la mer, contraignit la Vendée à recreuser son lit. C'est dans cette nouvelle vallée, au milieu de ses anciennes alluvions de fond quaternaires, que la rivière actuelle écoule péniblement des eaux autrefois perdues dans les marais, mais que recueille désormais, pour les conduire à la Sèvre-Niortaise, un canal creusé dans le bris de formation actuelle.

A. FOURNIER.

Laboratoire de géologie de la Faculté des Sciences de Poitiers.

Le 12 août 1893.

www.ingramcontent.com/pod-product-compliance
Ingram Content Group UK Ltd.
Pitfield, Milton Keynes, MK11 3LW, UK
UKHW020352250726
13967UKWH00005B/2240

9 782013 046367